BEI GRIN MACHT SICH IHR WISSEN BEZAHLT

- Wir veröffentlichen Ihre Hausarbeit, Bachelor- und Masterarbeit

- Ihr eigenes eBook und Buch - weltweit in allen wichtigen Shops

- Verdienen Sie an jedem Verkauf

Jetzt bei www.GRIN.com hochladen
und kostenlos publizieren

Bibliografische Information der Deutschen Nationalbibliothek:

Die Deutsche Bibliothek verzeichnet diese Publikation in der Deutschen National-
bibliografie; detaillierte bibliografische Daten sind im Internet über http://dnb.d-
nb.de/ abrufbar.

Dieses Werk sowie alle darin enthaltenen einzelnen Beiträge und Abbildungen
sind urheberrechtlich geschützt. Jede Verwertung, die nicht ausdrücklich vom
Urheberrechtsschutz zugelassen ist, bedarf der vorherigen Zustimmung des Verla-
ges. Das gilt insbesondere für Vervielfältigungen, Bearbeitungen, Übersetzungen,
Mikroverfilmungen, Auswertungen durch Datenbanken und für die Einspeicherung
und Verarbeitung in elektronische Systeme. Alle Rechte, auch die des auszugsweisen
Nachdrucks, der fotomechanischen Wiedergabe (einschließlich Mikrokopie) sowie
der Auswertung durch Datenbanken oder ähnliche Einrichtungen, vorbehalten.

Impressum:

Copyright © 2015 GRIN Verlag, Open Publishing GmbH
Druck und Bindung: Books on Demand GmbH, Norderstedt Germany
ISBN: 9783668228771

Dieses Buch bei GRIN:

http://www.grin.com/de/e-book/323782/die-verwendung-von-jugendsprache-in-
der-jugendliteratur-wolfgang-herrndorfs

Daniel Freitag

Die Verwendung von Jugendsprache in der Jugendliteratur. Wolfgang Herrndorfs Adoleszensroman "Tschick" (2010)

GRIN Verlag

GRIN - Your knowledge has value

Der GRIN Verlag publiziert seit 1998 wissenschaftliche Arbeiten von Studenten, Hochschullehrern und anderen Akademikern als eBook und gedrucktes Buch. Die Verlagswebsite www.grin.com ist die ideale Plattform zur Veröffentlichung von Hausarbeiten, Abschlussarbeiten, wissenschaftlichen Aufsätzen, Dissertationen und Fachbüchern.

Besuchen Sie uns im Internet:

http://www.grin.com/

http://www.facebook.com/grincom

http://www.twitter.com/grin_com

Gymnasium Theodorianum Paderborn
Facharbeit
im Fach: Deutsch

Die Verwendung von Jugendsprache in der Jugendliteratur am Beispiel des Adoleszensromans „Tschick" (2010) von Wolfgang Herrndorf

Verfasser: Daniel Freitag
Kurs: Deutsch (LK)
Schuljahr: 2014-15
Bearbeitungszeit: 6 Wochen
Abgabetermin: 23.03.2015

Inhaltsverzeichnis

1. Einleitung

„Ich habe meinem Erzähler einfach zwei Wörter gegeben, die er endlos wiederholt, und den Rest über die Syntax geregelt. Wenn man erstmal anfängt, mit Slang um sich zu schmeißen, wird man doch schon im nächsten Jahr ausgelacht."[1]

Dieses Zitat von Wolfgang Herrndorf gewährt schon einen kleinen Einblick, dass die Jugendsprache als solche im Roman „Tschick" Verwendung fand. Herrndorf ist nicht der einzige Gegenwartsautor, der sich für die Berücksichtigung von Jugendsprache innerhalb eines literarischen Werks der Hochsprache interessiert. Dieser Befund soll zum Anlass genommen werden, um in dieser Facharbeit nach dem Stellenwert der Jugendsprache für die zeitgenössische Literatur zu fragen. Ein wichtiger Grund dafür, warum als Thema der Facharbeit „Jugendsprache in der Literatur" ausgewählt wurde, ist seine Aktualität: Jugendliche interessieren sich ebenso für Jugendsprache wie Erwachsene, was man auch daran erkennen kann, dass (erwachsene) Autoren sich diesem Gegenstand zuwenden. Diesbezüglich stellen sich Fragen wie z.B.: Wieso wird an bestimmten Stellen keine Standardsprache verwendet? In welchem Verhältnis stehen Jugendsprache und Standardsprache zueinander? Ist die Verwendung der Jugendsprache im Roman gelungen und ist sie realistisch? Aus diesen Fragen, zusammen mit dem oben aufgeführten Zitat, ergibt sich die Hypothese, dass der Roman als Kunstprodukt, welches sich trotz der Verwendung von Jugendsprache der Standardsprache annähert, zu verstehen ist. Im weiteren Verlauf soll dem mit dieser Facharbeit nachgegangen werden.

Vorab wird jedoch die Jugendsprache als Phänomen in den Fokus gestellt, um, daran anknüpfend, mit einer formalen Analyse ausgewählter Textstellen aus „Tschick", ihre Verwendung und ihren Zweck im Adoleszensroman beantworten zu können. Daran schließt sich entsprechend eine objektive Bewertung an, in welchem Verhältnis zueinander Standard- und Jugendsprache verwendet wurden und am Schluss die Anfangshypothese nochmals aufgreift und die Arbeit reflektiert.

---

[1] Herrndorf, Wolfgang im Gespräch mit Autorin Kathrin Passig. In: <http://www.staatsschauspiel-dresden.de/spielplan/tschick/wolfgang_herrndorf_im_gespraech_mit_kathrin_passig/> [abgerufen am: 22.03.15].

2. Inhaltsangabe des Romans

Der Adoleszensroman „Tschick", von Wolfgang Herrndorf verfasst und 2010 erschienen, handelt von zwei Jugendlichen aus Berlin, die (in den Sommerferien) in einem gestohlenen Lada Deutschland erkunden. Die Charaktere sind sehr unterschiedlich: Maik Klingenberg, welcher als Ich-Erzähler durch das Buch führt, kommt aus gutem Hause. Andrej Tschiatschow, von Maik der Einfachheit halber Tschick genannt, hingegen ist ein Spätaussiedler und kommt aus prekären Verhältnissen. Als Tschick auf Maiks Schule wechselt und die beiden zu Klassenkameraden werden, kann Maik sich noch nicht vorstellen, mit Tschick befreundet zu sein. Doch als die Ferien kommen, finden die beiden einen gemeinsamen Nenner: Beide sind nicht zu Maiks Schwarm Tatjana Cosics Geburtstag eingeladen. Dadurch kommen die beiden Jungen ins Gespräch und freunden sich schließlich an. Tschicks Idee, einfach mit dem Lada bei Tatjanas Party aufzukreuzen, entwickelt sich zu dem Plan, zwei Wochen durch Deutschland zu fahren. Diese gemeinsame Reise vermittelt den Jugendlichen ein nie da gewesenes Gefühl der Freiheit und ermöglicht ihnen gleichzeitig, ihre eigene Identität zu finden.

3. Jugendsprache als Phänomen

3.1 Linguistische Varietäten – Standard und Varietät

Die Sprachwissenschaft ging lange Zeit von einer bloßen Unterscheidung zwischen der Hochsprache und dem Dialekt aus.[2] Die Umgangssprache bildet „in den klassischen Schichtungskonzepten der deutschen Sprache […] eine Übergangszone"[3]. Laut Radtke ist sie eine „überregionale, allgemein verständliche und allgemein gebräuchliche Kommunikationsform"[4]. Diese Definition ist jedoch unzureichend im

---

[2] Vgl. Neuland, Eva: Subkulturelle Sprachstile Jugendlicher heute. Tendenzen der Substandardisierung in der deutschen Gegenwartssprache. In: Dies. (Hrsg.): Jugendsprache - Jugendliteratur - Jugendkultur. Interdisziplinäre Beiträge zu sprachkulturellen Ausdrucksformen Jugendlicher. 3., korr. Aufl. Frankfurt am Main 2008. S. 135.

[3] Ebd. S.135

[4] Vgl. Radtke, Ingulf: Die Umgangssprache. In: Muttersprache 83. 1973. S. 161-171. Zitiert nach Neuland, Eva: Subkulturelle Sprachstile Jugendlicher heute. Tendenzen der Substandardisierung in der deutschen Gegenwartssprache. In: Dies. (Hrsg.):

Hinblick auf die von Jugendlichen verwendete Sprache, da diese nicht für jeden zu verstehen ist. Deshalb tendiert die Forschung mittlerweile in Richtung eines substandardsprachlichen Kontinuums, welches statt „klarer Sprachkontraste fließende Übergänge annimmt"[5]. Hier handelt es sich um einen Substandard, der niedriger gestellt ist als die gesprochene Standardsprache.[6]

Abweichungen von der Standardsprache werden in der Varietätenlinguistik als Sprachvarietät bzw. Standardvarietät bezeichnet. Darüber hinaus gibt es noch weitere Varietäten, die in verschiedene Klassen (historische, dialektale, soziolektale oder situative Klasse) eingeteilt werden.[7] Allerdings treten trotz dieser Systematisierung Probleme bei der Umsetzung in die Praxis auf, da die Parameter nicht ausreichend differenziert sind.[8]

3.2 Sprachgebrauch von Jugendlichen

Die Ausdrucksweise von Jugendlichen weist mehrere Besonderheiten auf und differenziert sich somit vom Sprachgebrauch der Erwachsenen. Angefangen bei der Begrüßung fällt auf, dass Jugendliche *sondersprachliche Grußformeln*[9] benutzen (z.B. „Was geht ab?"). Adjektive werden mittels *Präfigierung* expressiv gesteigert (z.B. „endgeil") und Begriffe aus dem Englischen werden entlehnt.[10] Zudem kann die Sprechweise auch *metaphorisch* oder *elliptisch* sein und bezüglich der Grammatik lässt sich feststellen, dass Jugendliche dazu neigen, *paradoxe Superlativbildungen zu Präfixen* vorzunehmen, indem zum Beispiel Vorsilben wie „un-" gesteigert werden.[11]

Jugendsprache - Jugendliteratur - Jugendkultur. Interdisziplinäre Beiträge zu sprachkulturellen Ausdrucksformen Jugendlicher. 3., korr. Aufl. Frankfurt am Main 2008. S. 135.
[5] Neuland, Eva: Subkulturelle Sprachstile Jugendlicher heute. S.136.
[6] Vgl. Ebd. S. 136.
[7] Ebd. S. 136.
[8] Vgl. Ebd. S. 136-137.
[9] Nützel, Nikolaus: Wenn Digger endkrass dissen – Oder: Sprechen Jugendliche eine eigene Sprache? Aus: Sprache oder Was den Mensch zum Mensch macht. München 2007. S.138 ff. In: Schurf, Bernd, u.a. (Hrsg.): Texte, Themen und Strukturen. Berlin 2011. S. 530-531.
[10] Ebd. S. 530.
[11] Ebd. S. 530-531.

3.3 Soziolinguistische Stile

Um Besonderheiten im Sprachgebrauch Jugendlicher besser ermitteln zu können, betrachtet Neuland diesen aus soziolinguistischer Sicht.[12] Stile der Soziolinguistik „weisen [...] auch paralinguistische und nonverbale Merkmale auf"[13]. Außerdem verstehen wir die Sprachstile Jugendlicher als Ausdrucksformen ihrer Lebensstile, wodurch sie sich zum einen gegenüber den Erwachsenen abgrenzen und zum anderen mit dem Inneren ihrer Lebenswelten identifizieren.[14] Diese Sprachstile entstehen durch Interaktion mit anderen und sind somit Gruppenstile, die, geprägt durch das jeweilige Wertesystem der Gruppe, an schon bestehende Mittel der Standardsprache angelehnt sind und dem Gruppenstil angepasst werden.[15] Neuland spricht in diesem Zusammenhang von einer *De*standardisierung der Standardsprache.[16] Diese Gruppenstile lassen im Zusammenhang mit sprachlichen Auffälligkeiten neue Erkenntnisse zu, zum Beispiel habe nach Neuland jede Gruppe eigene Präferenzen bezüglich der Themen, besondere Gesprächsregeln, sodass beispielsweise simultanes Sprechen kein Pardon ist; auch paralinguistische und nonverbale Merkmale wie Lachen oder Interjektionen seien auffällig, besonders sei auch, dass augenscheinliche Beleidigungen wie „Spasti" oder „Wichser" keine, im eigentlichen Sinn seien, je nach sozialer Kategorisierung durch die Gruppe.[17]

3.4 „Code-Switching" und innere Mehrsprachigkeit

Innerhalb der soziokulturellen Stile können auch Sprachmischung und Sprachwechsel auftreten, dies ist auch als Code-Switching bekannt und gehört zu der innersprachlichen Variation.[18] Dabei wird während eines Gesprächs die Varietät oder Sprache gewechselt. Möglich ist dabei auch, dass Personen oder Gruppen mehrere Sprachen beherrschen und es so

---

[12] Vgl. Neuland, Eva: Subkulturelle Sprachstile Jugendlicher heute. S. 139-140.
[13] Ebd. S. 140.
[14] Vgl. Ebd. S. 140.
[15] Vgl. Ebd. S. 140.
[16] Vgl. Ebd. S. 140.
[17] Vgl. Ebd. S. 140-141.
[18] Ebd. S. 143.

zum Sprachkontakt kommt.[19] „Mehrsprachig sind wir [jedoch] schon in unserer Muttersprache."[20] Wir beherrschen also verschiedene, den jeweiligen gesellschaftlichen Umständen angepasste Sprachen bzw. Varietäten, die wir situationsbedingt ändern, um stets angemessen zu kommunizieren.[21] In dieser inneren Mehrsprachigkeit existieren laut Henne Sprachvarietäten nicht nebeneinander, sondern miteinander.[22] Dabei sei die Standardsprache Gebersprache für andere Varietäten, die in wechselseitiger Beziehung stehen, sodass die Standardsprache im Bereich der Semantik und des Wortschatzes beeinflusst werde.[23] Für Henne steht zudem fest, „dass die meisten Sprecher einer Sprache [...] mehrere Sprachvarietäten realisieren können", wobei immer bloß eine Varietät angewendet wird, „die anderen sind [jedoch] potentiell vorhanden und können jederzeit realisiert werden"[24].

3.5 Sprachnorm und Sprachwandel

Wie sich bereits gezeigt hat, gibt es „innerhalb einer Muttersprache kaum mehr solche scharfen und eindeutig identifizierbaren Grenzen [...]"[25]. Die alten Schichtungsmodelle finden in der Praxis keine gerechte Anwendung bzw. Umsetzung mehr.[26] Trotz der Varietätenvielfalt bleibt die Standardsprache als allgemeine Norm bestehen, „deren Befolgung bzw. Nichtbefolgung gesellschaftliche Sanktionen nach sich ziehen kann"[27]. Doch auch die Standardsprache erfährt Veränderungen, vor allem die Jugendsprache trägt durch Stilbildung und Stilwandel zu

---

[19] Schurf, Bernd, u.a. (Hrsg.): Texte, Themen und Strukturen. Berlin 2011. S. 533.
[20] Wandruszka, Mario: Mehrsprachig in der Muttersprache. Aus: Ders.: Die Mehrsprachigkeit des Menschen. München/Zürich 1979. S. 23. In: Schäfer, Stefan (Hrsg.): Sprache. Sprachursprung, Spracherwerb, Sprachwandel, Sprachkritik, Sprachskepsis, Sprachnot. Stuttgart 2010. S. 17.
[21] Vgl. Ebd. S. 17.
[22] Vgl. Braun, Peter: Das theoretische Modell der inneren Mehrsprachigkeit. Aus: Ders.: Tendenzen in der deutschen Gegenwartssprache. Sprachvarietäten. Stuttgart 1998. S. 11-14. In: Schäfer, Stefan (Hrsg.): Sprache. Sprachursprung, Spracherwerb, Sprachwandel, Sprachkritik, Sprachskepsis, Sprachnot. Stuttgart 2010. S. 18.
[23] Vgl. Ebd. S. 18 f.
[24] Vgl. Ebd. S. 19.
[25] Neuland, Eva: Subkulturelle Sprachstile Jugendlicher heute. S.143-144.
[26] Vgl. Ebd. S. 144.
[27] Ebd. S. 144.

7

Veränderungsprozessen in der Standardsprache bei.[28] Die Veränderung der Standardsprache beobachtete auch schon Henne im Zusammenhang mit der inneren Mehrsprachigkeit.

4. Analyse ausgewählter Textstellen

Zu Beginn dieser Analyse sollte klargestellt werden, dass selbige hauptsächlich auf sprachlicher und formaler Ebene vollzogen wird, um anhand ausgewählter Beispiele die These, dass sich „Tschick" trotz der Verwendung von Jugendsprache der Standardsprache annähert, überprüfen zu können.

Tschick wurde 2010 von Wolfgang Herrndorf fertiggestellt und gleichzeitig der Überraschungserfolg des Jahres. Herrndorf, der bis dato erst zwei Werke veröffentlicht hatte, erzählte in einem Interview, er selbst habe nicht mit so einem Erfolg gerechnet.[29] Im Jahr 2013 entschied er sich aufgrund eines bei ihm diagnostizierten Hirntumors für den Freitod.

Der Plot wird in einer Retrospektive des Ich-Erzählers Maik Klingenberg erzählt. Hierbei soll dem Leser der Eindruck vermittelt werden, dass die Erzählung im Moment des Lesens stattfindet; man kann also von einer *konzeptionellen Mündlichkeit* sprechen[30], da „[d]ie Sprache des Romans versucht Mündlichkeit direkt wiederzugeben"[31]. Dadurch ist Maiks Erzählweise umgangssprachlich und der Satzbau bezüglich der Grammatik nicht immer korrekt.[32] Die falsche Wortstellung zeigt sich unter anderem in Sätzen wie: „Die Schuhe aus toten Tieren **immerhin** wurden irgendwann durch weiße Adidas ersetzt [...]" (T, S. 48; Hervorhebung D.F.) oder „[...] oder so was, weil, es konnte sich keiner vorstellen, wie er es sonst geschafft hatte [...]" (T, S. 49).

Die beiden Wörter, die der Erzähler Maik stetig wiederholt und zu denen Herrndorf im anfangs aufgeführten Zitat Bezug nimmt, sind die

---

[28] Vgl. Ebd. S.144.
[29] Scholz, Eva-Maria: Wolfgang Herrndorf. Tschick. Lektüreschlüssel für Schülerinnen und Schüler. Stuttgart 2014. S. 75.
[30] Vgl. Ebd. S. 50.
[31] Ebd. S. 50.
[32] Vgl. Ebd. S. 50.

Redewendung „Alter Finne"[33] und der Ausdruck „den Stecker ziehen" (T, S. 49). Diese Beispiele sind, wie Herrndorf anmerkt, keinem Jugendslang angelehnt, sondern orientieren sich an der Umgangssprache. Auch für die veränderte Syntax finden sich Beispiele: „Das war wie 3-D-Bilder angucken, wo man auf so ein Muster schielen muss [...]" (T, S. 71) oder „Wegen hier Lippenstift" (T, S. 155). Maiks umgangssprachlicher Redestil ist außerdem oft durch monotone Satzanfänge geprägt, wie z.b. „Sogar" (T, S. 33), „Und" (T, S. 70) oder „Ich" (T, S. 67). Herrndorf lässt seinen Erzähler auch Neologismen erfinden, was unter anderem den Sprachwitz des Werkes ausmacht: „Hochsprung-Legastheniker" (T, S. 38), „Horchding" (T, S. 12) oder etwa „Blaumeisen-Morgenstunde" (T, S. 81). Zum Sprachwitz gehört auch der an die gesprochene Sprache angepasste Dialog zwischen Tschick und Maik „'Ich fahr wie`n Weltmeister.'" „'Blink doch mal wie`n Weltmeister'" (T, S. 84). Maik scheint zusätzlich vom Sprachgebrauch seines Vaters beeinflusst zu sein, welcher an einigen Stellen rezitiert wird: „Jahrelang redete mein Vater nur von Scheiße, Wichsern und Faschisten" (T, S. 65). Diese fäkale Ausdrucksweise setzt sich fort: „Und dass du keinen Scheiß machst!" (T, S. 69). Dementsprechend oft ist in Maiks Schilderungen von „Kacktasche[n]" (T, S. 50), „Scheißidiot[en]" (T, S. 221) und dem „Scheißleben" (T, S. 221) die Rede. Tschick verwendet in den Passagen wörtlicher Rede noch ein wenig mehr Umgangssprache, um dem Charakter eines Migranten gerecht zu werden: „Lass mich mal den Hubschrauber" (T, S. 78).

Um die Authentizität des Ich-Erzählers zu wahren, benutzt Herrndorf nur wenig generationsspezifische Ausdrücke.[34] Dennoch lassen sich auch hier Beispiele für die Besonderheiten des jugendlichen Sprachgebrauchs finden. So benutzen Maik und Tschick die für Jugendsprache typische Steigerung von Adjektiven durch Präfigierung: „endgestört" (T, S. 50) und „'ultrasüß[...]'" (T, S. 78). In Diskussionen benutzen sie Entlehnungen aus dem Englischen wie „'No way'" (T, S. 83). „'Komm lass uns weiter'" (T, S. 128) zeigt die elliptische Sprechweise. Die Geschlechterdifferenzierung[35]

[33] Herrndorf, Wolfgang: Tschick. 32. Auflage. Reinbek bei Hamburg 2014. S. 131. Im Folgenden im Text mit <T> und Seitenzahl angegeben.
[34] Vgl. Scholz, Eva-Maria: Wolfgang Herrndorf. Tschick. Lektüreschlüssel für Schülerinnen und Schüler. Stuttgart 2014. S. 50-51.
[35] Neuland, Eva: Subkulturelle Sprachstile Jugendlicher heute. S.139

kommt zum Vorschein, als die beiden Protagonisten auf ein Mädchen namens Isa treffen, welche sie mit „'Ihr Schwachköpfe!'" (T, S. 151) begrüßt, worauf Tschick fragt, „Was denn das für eine Fotze [sei]?'" (T, S. 151). Darauf folgen noch verbale Beleidigungen wie „'[…] zum Ficken zu blöd!'", „'Russenschwuchtel'", „'Pussy'" und „'Scheißkanacke!'" (T, S. 151-152), die unter anderem auch die „Männlichkeit" in Frage stellen.[36] An einer anderen Stelle wechselt Maik in einen typischen schülersprachlichen Stil und wertet seinen gesprächigen Sportlehrer als „Schwafelwolkow" (T, S. 37) ab, was der Umkehrung des ursprünglichen Rollenverhältnisses dient.[37] Unklar ist hier jedoch, ob diese Abwertung allein von Maik vorgenommen wurde oder eher durch einen Gruppenstil der gesamten Schulklasse.

Beim Untersuchen der Entwicklung der Freundschaft zwischen Maik Tschick ist erkennbar, dass sich die Dialoge zwischen beiden, welche anfänglich noch einseitig und von Maik abgewiesen bzw. vermieden werden (T, S. 62 ff.), mit der Zeit einem gemeinsamen Stil angleichen, was sich an Maiks Vorschlag, die Decknamen „Graf Lada" und „Graf Koks" (T, S. 125) zu verwenden, zeigt.

Zusammenfassend lässt sich also sagen, dass mehrere Elemente der Jugendsprache im Roman Verwendung fanden. „Herrndorf […] leistet hier den Balanceakt zwischen dem Eindruck der Authentizität eines vierzehnjährigen Sprechers und der bei Jugendbüchern stets mitschwingenden Gefahr einer Anbiederung an das jugendliche Publikum."[38] Dazu benutzt er nur an wenigen Stellen jugendsprachliche Charakteristika und versucht sonst durch die Syntax und die damit einhergehende Umgangssprache authentisch zu erzählen.

5. Beurteilung

Hinsichtlich seines Zitates behält Herrndorf also weitestgehend Recht, dass er hauptsächlich durch die Syntax versucht hat, die geschriebene Sprache als gesprochene Sprache wirken zu lassen. Darauf weist zum einen der

---

[36] Vgl. Ebd. S. 139.
[37] Ebd. S. 139.
[38] Scholz, Eva-Maria: Wolfgang Herrndorf. Tschick. Lektüreschlüssel für Schülerinnen und Schüler. Stuttgart 2014. S. 50.

parataktische Satzbau hin: „Sogar im Unterricht. Sogar, wenn Lehrer dabei waren" (T, S. 33). Zum anderen zeigen dies auch die in der vorangegangenen Analyse herausgestellten Fehler in der Wortstellung.

Trotzdem sind auch jugendsprachliche Charakteristika zu finden, welche zwar typisch sind, jedoch nicht zwangsweise einem jugendsprachlichen Slang zuzuordnen sind, und eventuell auch nicht bewusst verwendet wurden. So ist die elliptische Sprechweise wie z.B.: „Mafia, völliger Quark." (T, S. 49) mehr der Syntax der Umgangssprache geschuldet, als der Jugendsprache. Ein weiteres Beispiel ist der Neologismus und Anglizismus „Beautyfarm" (T, S. 26), mit welchem Familie Klingenberg die Entzugsklinik von Maiks Mutter umschreibt. An sich ein typisches Beispiel für die Ausdrucksweise Jugendlicher, das in diesem Fall jedoch vermutlich durch Maiks Eltern geprägt wurde ist folgendes: „Ach, wo fahren Sie [Frau Klingenberg] denn hin?" Antwort: „Auf die Beautyfarm" (T, S. 28).

Genau hier zeigt sich abermals der von den Kritikern gefeierte „Balanceakt"[39], dessen Geheimnis in Herrndorfs Zitat steckt: Um auch die eigentliche Zielgruppe eines Jugendromans anzusprechen, benutzt er Jugendsprache sehr sparsam. Diese zunächst paradox erscheinende Tatsache ist wohl auch der Komplexität der Jugendsprache und ihrem ständigen Wandel geschuldet. Jugendsprache kann nämlich „höchst fach- und adressatenspezifisch"[40] und „nicht allgemein verständlich"[41] für Erwachsene sein. Somit erscheint „Tschick" als zeitloses Werk eines erwachsenen Autors, welches sich eines generationsübergreifenden Publikums erfreut.

Die zu Anfang aufgestellte These, nach der „Tschick" als Kunstprodukt, welches sich trotz der Verwendung von Jugendsprache der Standardsprache annähert, zu verstehen ist, lässt sich also bestätigen: Die Jugendsprache findet im Roman Verwendung, jedoch nur begrenzt und nicht in überspitzter Form. Die Annäherung an die Standardsprache erfolgt durch die umgangssprachliche Ausdrucksweise des Erzählers: Die Umgangssprache nähert sich der Standardsprache genauer gesagt mehr

---

[39] Scholz, Eva-Maria: Wolfgang Herrndorf. Tschick. Lektüreschlüssel für Schülerinnen und Schüler. Stuttgart 2014. S.50.
[40] Neuland, Eva: Subkulturelle Sprachstile Jugendlicher heute. S. 135.
[41] Ebd. S. 135.

an, als die Jugendsprache. Nach Neuland bildet die Umgangssprache nämlich eine „Übergangszone"[42] zur Hoch- bzw. Standardsprache.

---

[42] Neuland, Eva: Subkulturelle Sprachstile Jugendlicher heute. S. 135.

6. Literaturverzeichnis

Braun, Peter: Das theoretische Modell der inneren Mehrsprachigkeit.
Aus: Ders.: Tendenzen in der deutschen Gegenwartssprache.
Sprachvarietäten. Stuttgart 1998. S. 11-14. In: Schäfer, Stefan (Hrsg.):
Sprache. Sprachursprung, Spracherwerb, Sprachwandel, Sprachkritik,
Sprachskepsis, Sprachnot. Stuttgart 2010.

Herrndorf, Wolfgang: Tschick. 32. Auflage. Reinbek bei Hamburg 2014.

Herrndorf, Wolfgang: Interview mit Autorin Kathrin Passig.
In: <http://www.staatsschauspiel-
dresden.de/spielplan/tschick/wolfgang_herrndorf_im_gespraech_mit_kathri
n_passig/> [abgerufen am: 22.03.15].

Neuland, Eva: Subkulturelle Sprachstile Jugendlicher heute. Tendenzen
der Substandardisierung in der deutschen Gegenwartssprache. In: Dies.
(Hrsg.): Jugendsprache - Jugendliteratur - Jugendkultur. Interdisziplinäre
Beiträge zu sprachkulturellen Ausdrucksformen Jugendlicher. 3., korr. Aufl.
Frankfurt am Main 2008.

Radtke, Ingulf: Die Umgangssprache. In: Muttersprache 83. 1973.
S. 161-171. Zitiert nach Neuland, Eva: Subkulturelle Sprachstile
Jugendlicher heute. Tendenzen der Substandardisierung in der deutschen
Gegenwartssprache. In: Dies. (Hrsg.): Jugendsprache - Jugendliteratur -
Jugendkultur. Interdisziplinäre Beiträge zu sprachkulturellen
Ausdrucksformen Jugendlicher. 3., korr. Aufl. Frankfurt am Main 2008.

Scholz, Eva-Maria: Wolfgang Herrndorf. Tschick. Lektüreschlüssel für
Schülerinnen und Schüler. Stuttgart 2014.

Schurf, Bernd, u.a. (Hrsg.): Texte, Themen und Strukturen. Berlin 2011. S. 533.

Wandruszka, Mario: Mehrsprachig in der Muttersprache. Aus: Ders.:
Die Mehrsprachigkeit des Menschen. München/Zürich 1979. S. 23. In:
Schäfer, Stefan (Hrsg.): Sprache. Sprachursprung, Spracherwerb,
Sprachwandel, Sprachkritik, Sprachskepsis, Sprachnot. Stuttgart 2010.
S.17.

BEI GRIN MACHT SICH IHR WISSEN BEZAHLT

- Wir veröffentlichen Ihre Hausarbeit,
  Bachelor- und Masterarbeit

- Ihr eigenes eBook und Buch -
  weltweit in allen wichtigen Shops

- Verdienen Sie an jedem Verkauf

Jetzt bei www.GRIN.com hochladen und kostenlos publizieren